Als es immer schlimmer wurde, haben wir dieses Tier mit Namen Zito 2003 in Pflege genommen, damit es von diesem Bekannten der noch zwei Hunde hatte getrennt war, und diese womöglich auch anstecken könnte. Sehr bald hatte er mich seltsamerweise liebgewonnen und wich mir nicht mehr von der

Seite, obwohl er meine Lebensgefährtin schon länger kannte. Nach über einem Jahr war Zito dann wieder gesund.

Selbst als ich unverschämterweise einem 2€-Job nachgehen musste (Siehe Eine wahre Geschichte „Mein Leben" im Ebook) bemerkte er mich schon obwohl ich noch nicht im Hause war. Wir wohnten im 2. Stock.

Er wartete bereits an der Tür als ich diese aufschloss. Dies war jedes mal eine stürmische Begrüßung. Gleich darauf ging ich dann mit ihm Gassi, so um Mitternacht herum.

Auch als meine Lebensgefährtin mit ihm Gassi ging, wusste er bevor ich mit dem Rad herankam, dass ich es war. Ab und zu war meine

Lebensgefährtin öfters mal bei einer Freundin in Neustadt an der Donau (Bayern). Als Sie nach ein oder zwei Wochen wieder in Freiburg war, hat der Hund Sie ein paar Stunden nicht beachtet, er war offensichtlich beleidigt. Aber dann war er doch glücklich, dass Sie wieder da war.

Später war ich dann mit Hund und Ihr eine Woche

bei ihrer Freundin in Neustadt an der Donau. Dort war dann wie in Freiburg kurz vor 6 Uhr um 11 Uhr um 16 Uhr und um 21 Uhr, Gassi-Zeit. Wieder in Freiburg ging ich dann 4-5 Mal im Jahr zum scheren und baden ins Landwasser in ein Hunde-Studio.

Dies ging dann so bis ins Jahr 2008 im Frühjahr, wir waren mit dem Hund in

den Sommermonaten öfters auch am Titisee.
Im Frühjahr 2008 wurde unser Hund dann wie wir später erfuhren sehr krank. Eine Tierärztin in Haslach wollte ihn über Nacht an einen Tropf hängen.
Dies haben wir aber dann nicht getan, sondern gingen zu einer wie wir erfahren haben sehr guten Tierärztin in Merzhausen. Sie fühlte seinen Magen ab

und ist sehr erschrocken.
"Ihr Hund" sagte Sie," hat einen riesigen Tumor im Magen".
"Dieser ist absolut inoperabel." Meine Frage war" Kommt es von der Ernährung"? "Nein es kommt von der verseuchten Umwelt." Mittlerweile hatte ich schon häufiger Tiere, die ich auch leider einschläfern musste.

Sie gab ihm daraufhin eine Spritze, er wird nichts spüren und gleich einschlafen.

Unser Hund schaute mich noch einmal dankbar an und war dann entschlafen ohne Schmerzen. Auf dem Heimweg, diesmal bin ich gelaufen,habe ich dann mit einem Knoten im Hals mit dem Handy meine Rosi angerufen Diese war sehr erschüttert, wie auch ich.

Wochen später sagte meine Rosi, ich will wieder einen Hund haben. Eine Ärztin in der UNI-Klinik wo Sie wegen ihres Asthmas war, sagte es wäre gut wenn Sie wieder einen Hund hätte. Da wir immer wieder die Zeitung Schnapp hatten, schauten wir gleich nach, weil da immer wieder Hunde angeboten wurden. Wir fanden auch gleich eine Anzeige, dass eine

Frau die mehrere Hunde hatte, einen relativ jungen abzugeben hatte ich glaube Sie wollte nur 50€.
Meine Rosi schickte mich zur Straßenbahn um den Hund zu holen. Leider war bei der VAG wieder einmal Streik.
Zuhause riefen wir die Frau noch mals an und sagten ihr das.
„Kein Problem, dann bringe ich ihnen den Hund

mit meinem Auto vorbei".
Eine halbe Stunde später
war Sie da, und Rosi gab
ihr nicht 50, sonder 100€
weil Ihr der Hund so
gefiel.
Dieser Hund war ein
Yorkshire Terrier und sehr
schön.
Die Frau setzte ihn im
Eingang zur Küche ab und
ging.
Der Hund guckte erst mal
ganz verstört, und wir

tauften ihn auf den Namen Benjy.

Rosi und ich riefen gleichzeitig Benjy und der Hund setzte sich daraufhin in Bewegung.

Zu Verblüffung von mir maschierte er sogleich auf mich zu und ich nahm ihn gleich auf den Arm, wobei er mich gleich abschleckte, was mir nichts getan hat.

Rosi lachte und sagte, das gibt es doch gar nicht ich

kaufe den Hund und zu dir kommt er gerannt, du musst eine besondere Affinität zu Tieren haben. 2009 und zwar am 15.9. begann dann mit meiner Rosi ein Unglück, Sie bekam weil die Witterung kühler wurde wieder einen Virus auf der Lunge. Da musste Sie dann immer Antibiotika und zwar Tavanic nehmen. Dies war das einzige Antibiotika wo festgestellt wurde, dass Sie dieses nur vertragen würde. Da Sie den Arzt wechseln musste der Alte musste krankheitshalber aufhören, hat der Neue dies auch 12 Mal verschrieben. Als Sie daraufhin noch einmal 5 wollte kam er herauf und sagte, jetzt probieren wir mal was anderes. Er sagte nicht, dass er ein anderes Antibiotika verschreiben

würde, was er aber bei einem Asthmatiker nie hätte tun dürfen, da er ja wusste, dass Sie nur Tavanic vertragen würde. Nach 7 Tagen und 15 einnahmen waren dann die Nebenwirkungen da, nämlich Gallenstau. Gallenblasenentzündung mit Perforation.
In der UNI-Klinik hat man Sie aber dann auch noch total verschnitten, was

diese Herren aber nicht zugegeben haben.

Benjy hat an diesem Tag nämlich der 8.10.09 ganz verstört geguckt, als man die Rosi abholte.

Nach drei Jahren ist Sie dann am 16.5.2012 verstorben, weil ein Arzt es besser wusste. (Siehe Halbgötter in Weiß)

Mein Gefühl sagt mir, dass es in Freiburg keine Ärzte gibt, die überhaupt eine

Ahnung von Asthma
haben.
Nach dem Tod von meiner
Rosi war ich nun wieder
allein, und mein Hund war
ein Bindeglied zu ihr.
Die Jahre gingen dahin
und mit meinem Hund war
ich immer wieder zum
Scheren und weniger zum
Tierarzt, da mein Hund
einen sehr gesunden
Eindruck machte.

Im vorigen Bild ist er kurz
vor dem Scheren.

Allerdings waren wir hier in Ettenheim zum Geburtstag meines Onkels der damals 2015 88 Jahre alt wurde und zwar am 31.05. Da ich seit dem Tode meiner Rosi 2012 wieder alle 14 Tage Freitags zum Kegeln ging, war der Hund immer für 3 ½ bis 4 Stunden allein, was Ihm aber nie was ausgemacht hat. Auch bei Geburtstagen von

Verwanden etc., war er öfters allein.

Wenn ich dann nach Hause kam, lag er meistens auf meinem Bett und erwartete mich. Dann schoss er wie ein Blitz vom Bett herunter und raste auf mich zu. Er sprang auf seinen Hinterbeinen stehend an mir hoch. Auch wenn ich Schuhe anhatte mit Klettverschluss versuchte er immer zu verhindern, dass ich diese auszog.

Da es nicht weit vor 21 Uhr war, ging ich mit ihm dann auch Gassi.

So kam 2017 heran und Sonntag vor Ostern als ich Sauerbraten machte, fiel mir beim Schneiden des Fleisches ein Stück herunter. Blitzschnell war Benjy da, und ich konnte gar nicht so schnell gucken, war das Stück

Fleisch gefressen. In der folgenden Nacht bekam er plötzlich Durchfall, und gebrochen hat er auch. Siehst du jetzt hast du dir eine Magenverstimmung eingehandelt. Nur er schaute mich sehr seltsam an, wie wenn er sagen wollte, dies ist keine Magenverstimmung. Nur ich verstand diesen Blick dann noch nicht. In ein paar Tagen wird alles wieder gut sein.

Ostern kam, aber bei ihm wurde es nicht besser, denn fressen tat er da nichts mehr. Saufen tat er dahingehend sehr viel.

Am Dienstag nach Ostern habe ich daraufhin die Tierärztin angerufen, und die sagte, das müssen wir uns doch einmal näher anschauen. Kommen Sie doch bitte nach 16 Uhr bei uns vorbei. Der Sohn des einen Bruders fuhr mich dann zur Tierärztin nach Merzhausen. Auch meine Schwägerin fuhr mit. Die Ärztin röntge ihn erstmal und erklärte, die Prostata ist sehr groß und auch das Herz, Leber und Galle sind vergrößert. Sie nahm ihm Blut, gab ihm Antibiotika und auch eine Infusion. Außerdem sind ein zwei Zähne nicht mehr sehr gut, die müssten vielleicht raus.

Auch die andere Sache wäre mit Medikamenten zu heilen. Die Infusion braucht etwa 1 ½ Stunden, so lange müsste ich ihn halten. Mein lieber Hund lies alles geduldig über sich ergehen.

Nach 1 ½ Stunden kam Sie mit den Blutwerten herein und sagte nur „oh je oh je oh je". Ich fragte ist es so schlimm? Schlimmer kann es

überhaupt nicht sein. Ihr Hund hat nur noch 5-10% Nierentätigkeit. Dies ist sozusagen das Todesurteil, denn dies ist nicht heilbar. Wenn Sie wollen können wir ihn noch ein bisschen aufpäppeln und Sie können ihn für ein paar Tage mit nach Hause nehmen.
Ich sagte das bringt doch nichts, dies ist doch nur eine Quälerei. Sollen wir es hinter uns bringen, ja

sagte ich.

Sie brachte ein kleines Fläschchen mit einem wie Sie sagte sehr starken Schlafmittel, er merkt überhaupt nichts und schläft dann Schmerzfrei ein.

Meine Frage an die Tierärztin war, „hat es an der Ernährung gelegen"? Der erste Hund hat immer Caesar gefressen, und Benjy war ganz gierig auf

Pastete von Gut und Günstig von Edeka. Auch verschiedene Stängchen von Rind etc., wurden von ihm gerne genommen.
Die Ärztin erklärte mir nein daran lag es nicht sondern nur an der mehr und mehr verseuchten Umwelt, wie Feinstaub und Strahlung
Da wo Sie die Infusion gesetzt hat, brachte Sie das

Fläschen
an und er schaute mich
noch dankbar an und war
damit bei seinem Frauchen
im Himmel.
Jetzt fielen mir wieder den
Ausdruck seiner Augen ein
als ich ihm vor ein paar
Tagen sagte er hätte nur
eine Magenverstimmung.
Nun ist auch noch mein
geliebter Hund der ein
Bindeglied zwischen
meiner verstorbenen Rosi

und mir war nicht mehr am Leben.

Wie ich von der Ärztin gehört habe ist hauptsächlich die Umweltverschmutzung an dieser Sache schuld.

„Sie sagte auch noch, dass es in letzter Zeit immer mehr Tiere gibt, die eingeschläfert werden müssen". Viele haben Krebs und auch kleinere Hunde haben so wie ihrer fast keine Nierentätigkeit mehr.

Wenn nun die Grünen auf die Idee kommen Benzin- und Dieselfahrzeuge erst bis zum Jahr 2030 die Herstellung einzustellen und auf E-Mobilität umzusteigen, dann ist meine Meinung nach viel zu spät.

In dieser Hinsicht sind uns die Japaner, mit ihren E-Autos schon sehr weit voraus. Wenn in Amerika wieder die Kohleförderung hochgefahren wird, dann ist dies ein Verbrechen an der Menschheit. Wenn man die Pole sieht wie sie immer und immer mehr abtauen, dann ist es nicht mehr sehr weit, das Inseln im Meer und verschiedene Städte die an den Küsten liegen, eines Tages vom Meer verschluckt werden. Die Eisbären und die

Pinguine, werden Probleme bekommen zu überleben.

In Afrika macht sich der Klimawandel katastrophal bemerkbar. Es gibt immer mehr Teile, die wegen Regenmangel schon total ausgetrocknet sind, wobei es andere Teile in der Welt gibt, die sich vor Regen gar nicht mehr retten können und sozusagen versaufen.

Aber auch bei uns ist es nicht sehr viel besser, es sieht so aus das unsere Bienen vom Aussterben bedroht sind. Wissenschaftler sagen wenn die Bienen eines Tages nicht mehr sind, werden die Menschen nicht mehr überleben können. Manche sagen, wenn die Bienen einmal nicht mehr sind, geben Sie der Menschheit nur noch vier Jahre.

Auch ist es schlimm, dass in aller Welt immer und immer mehr Atomkraftwerke gebaut werden. Dadurch wird die Welt eines Tages total verstrahlt sein.

Man müsste also radikal auf erneuerbare Energien zur Stromversorgung setzten, und den Verbrauch der fossilen Stoffe einstellen.

Leider ist dies noch nicht bei sehr vielen Staaten durchgedrungen. Klimaabkommen unterschreiben kann man viele, aber diese Ziele auch durchsetzen, daran hapert es. Manche Staaten leugnen sogar, das es einen Klimawandel überhaupt gibt.

Die Erde ist langsam zu einem Dreckhaufen geworden.

Gott braucht uns wirklich nicht die vier Reiter der Apokalypse schicken, denn wir erschaffen uns diese schon selber. Meine Rosi sagte öfters „Seit ich die Menschen kenne liebe ich die Tiere", der wir aber langsam oder auch schneller den Garaus machen. Wir hier in Deutschland sind langsam von allen Seiten von Atomkraftwerken umzingelt, die schon stellenweise an die 40 Jahre laufen.

Wenn es so weiter geht, wird es in einigen Jahren soweit sein, dass man überhaupt nicht mehr weiß, wo der Atomare Abfall einmal gelagert werden soll. Selbst Gott wird sich langsam sagen „Seit ich die Menschen kenne liebe ich die Tiere". Vielleicht hat er es auch schon bereut, dass er bei der Sintflut nicht alle Menschen absaufen hat lassen. Jedenfalls sieht es absolut für die Menschheit sehr schlecht aus und weil es immer mehr Menschen auf der Erde gibt, die auch immer mehr ernährt werden müssen, wobei sich die Frage stellt, woher dies dann auch kommen soll. Mein Fazit ist, dass ich keinesfalls mehr einen

Hund will, denn das ich zwei mal beim Einschläfern dabei war, halte ich ein drittes Mal bestimmt nicht mehr aus.

E n d e

Herstellung und Verlag:
BoD - Books on Demand, Norderstedt
ISBN 978-3-7448-5251-7

Die Geschichte beginnt damit, dass ein früherer Bekannter von meiner Lebensgefährtin Rosi (Rosemarie) (Siehe auch Halbgötter in Weiß und ihr Schlachthaus erschienen im BOD-Verlag BOD.de) Hunde hatte. Eines der Tiere bekam eines Tages eine Krankheit, bei dem stellenweise seine Haare ausgingen. Siehe sein Bild

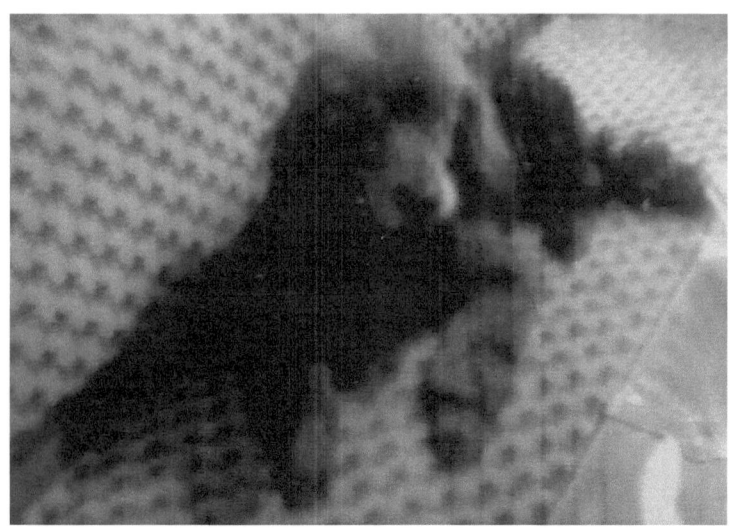